PAUL FABRE

E PAPES

SCRITS

"LIBER CENSUUM"

Extrait des MÉLANGES D'ARCHÉOLOGIE ET D'HISTOIRE
publiés par l'École française de Rome, t. VI.

ROME
IMPRIMERIE DE LA PAIX DE PHILIPPE CUGGIANI
Place della Pace, 35.
1886

PAUL FABRE

LES VIES DE PAPES

DANS LES MANUSCRITS

DU

"LIBER CENSUUM"

Extrait des Mélanges d'archéologie et d'histoire
publiés par l'École française de Rome, t. VI.

ROME
IMPRIMERIE DE LA PAIX DE PHILIPPE CUGGIANI
Place della Pace, 35.
1886

À Monsieur Léopold Delisle,

Hommage respectueux et reconnaissan[t]

Paul [illegible]

PAUL FABRE

LES VIES DE PAPES

DANS LES MANUSCRITS

DU

"LIBER CENSUUM"

Extrait des MÉLANGES D'ARCHÉOLOGIE ET D'HISTOIRE
publiés par l'École française de Rome, t. VI.

ROME
IMPRIMERIE DE LA PAIX DE PHILIPPE CUGGIANI
Place della Pace, 35.
1886

LES VIES DE PAPES
DANS LES MANUSCRITS DU *LIBER CENSUUM*.

Le plus ancien texte des Vies de papes que Muratori a publiées sous le nom du cardinal d'Aragon (1) et que Watterich attribue, non sans grande vraisemblance, au cardinal Boson, camérier de l'Église Romaine sous Hadrien IV (2), nous est fourni par les manuscrits du *Liber Censuum*. Cette continuation du *Liber Pontificalis* ne figurait pourtant pas dans le *Liber Censuum* de Cencius en 1192 (3). Nous allons rechercher à quelle époque et dans quelles conditions elle s'est introduite dans les manuscrits postérieurs.

Le premier manuscrit, par ordre de date, qui contienne ces biographies pontificales est le manuscrit Riccardi 228 (4). C'est lui qui nous donnera la solution de la question.

(1) *Scriptores rerum Italicarum*, tome III, page 277 seqq.

(2) *Pontificum Romanorum qui fuerunt ab exeunte saeculo IX usque ad finem saeculi XIII Vitae ab aequalibus conscriptae*, tome I, p. LXXI. Watterich a remarqué que la Vie d'Hadrien IV se termine par les mots *Actum Bosonis presbyteri cardinalis tituli Pastoris*, et cette phrase l'a mis sur la voie. Boson était *scriptor camerae* sous Eugène III; Hadrien IV, son compatriote, le nomma camérier et l'éleva au cardinalat. Il assista, sous Alexandre III, à l'entrevue du pape et de l'empereur à Venise, en 1278, et il mourut sans doute peu de temps après. Cf. Ugo Balzani, *Le Cronache italiane nel medio evo*. Milan, 1884.

(3) Cf. un article publié dans les *Mélanges* en 1888, *Étude sur un manuscrit du Liber Censuum*, page 328 seqq.

(4) Le ms. 228 de la Bibliothèque Riccardi à Florence provient de la collection du baron Philippe de Stosch. Il faisait autrefois partie des Archives Vaticanes, où on en conserve un dépouillement complet qui date du XVIIe siècle (Arm. XXXVI, n° 38, fol. 336). Antérieurement, il avait appartenu à la Bibliothèque Vaticane, et on lit encore au dos le numéro de classement 445 B sous lequel Baronius l'a cité. En 1533, il était *in primo et superiori ordine tertii ordinis camerae parvae secretae* (Ms. Vat. lat. 3951, fol. 312).

Nous croyons en effet qu'il est possible de le dater très-exactement. Watterich en place la rédaction à la fin du XIIIe siècle (1). Il est certainement antérieur.

Une remarque qui frappe tout d'abord, c'est que le Riccardianus 228 est de plusieurs mains, qu'il n'a pas partout le même format, qu'à la différence de format correspond une différence dans les matières traitées, en d'autres termes qu'il se compose de plusieurs manuscrits juxtaposés.

La première partie correspond au *Liber Censuum* de 1192 enrichi de toute une série de documents de la première moitié du XIIIe siècle. Elle comprend 27 cahiers, hauts de 370 millimètres, larges de 323, tous numérotés, et comptant ensemble 218 feuillets chiffrés par erreur 224. Elle est tout entière de la même main, à part quelques indications supplémentaires au courant du texte (2), et quelques pièces insérées sur les dernières pages (3). Les deux folios de garde qui terminent actuellement le manuscrit (fol. 343 et 344) se reliaient originairement à cette première partie; ils en ont été détachés lors de l'adjonction de cahiers nouveaux.

Quelle date assigner à notre manuscrit sous cette première forme? Vraisemblablement la fin de 1254 ou le commencement de 1255, car des documents du mois de mai 1254 y figurent de première main (4), tandis que le serment prêté par les *addestratores* et les *mappularii* en décembre 1255 est d'une écriture visiblement postérieure (5).

(1) *Pontificum Romanorum Vitae*, tome I, page LXXVI.

(2) Notamment dans le *Provinciale*.

(3) Documents relatifs à la Garfagnana, à la Massa Trabaria et à Pérouse.

(4) « In eundem modum juravit domino pape Innocentio IIII Symon abbas monasterii sancti Petri de Monteviridi Vulterane diocesis anno domini MCCLIIIJ, indict. XII, IJ nonas maii ».

(5) Au revers du folio de garde.

Un autre indice permet peut-être de préciser davantage: c'est la présence, sur les dernières pages du manuscrit primitif, d'un serment d'hommage prêté à l'Église Romaine par les nobles de la Garfagnana en 1228 (1). Ce document ne figurait pas dans l'exemplaire qu'a reproduit le ms. Riccardi (2), et, dans le ms. Riccardi lui-même, il est visiblement de seconde main. Cette insertion a donc été motivée par les circonstances qui ont accompagné ou suivi de très près la rédaction de notre manuscrit. Or, c'est sous le pontificat d'Innocent IV, c'est à dire avant la fin de 1254, que la question de la Garfagnana s'est posée et qu'elle a été résolue (3). C'est par conséquent dans les derniers mois de 1254 qu'il conviendrait de placer la rédaction du manuscrit Riccardi.

Cette hypothèse se confirme par l'examen des deux textes du *Juramentum Senatoris Urbis* que nous trouvons dans le ms. Riccardi (fol. 85 et fol. 146). Dans l'un, il est question du pape Clément *fidelis ero tibi domino meo pape Clementi;* dans l'autre, du pape Innocent *fidelis ero tibi domino meo pape Innocentio.* Mais ils ne sont pas tous deux de première main; seul le serment prêté au pape Innocent appartient à la rédaction primitive (4). Or, dans le ms. original de Cencius que l'auteur du ms. Riccardi avait sous les yeux, le pape désigné dans le serment du Sénateur est le pape Clément, et ce serment suit immédiatement l'*Ordo Romanus* (5). Dans la première rédaction

(1) Fol. 221 v°.

(2) Ms. Vat. lat. 8486.

(3) Voyez tous les détails de cette affaire dans Garampi, *Illustrazione di un antico sigillo della Garfagnana,* page 86-88. La dernière bulle d'Innocent IV relative à la Garfagnana est du 24 mai 1254. C'est en 1251 que les Lucquois avaient envahi cette province du Saint Siège, et depuis cette époque Innocent IV n'avait cessé d'en poursuivre la restitution.

(4) Le serment prêté au pape Clément n'a pas de rubrique.

(5) Voy. la table de ce ms. original dans le ms. Riccardi, fol. 91-94.

du ms. Riccardi, on a omis ce serment à la suite de l'*Ordo Romanus* et on l'a inséré plus loin en substituant au nom du pape Clément, qui n'avait plus de raison d'être, celui du pape contemporain, le pape Innocent. Plus tard seulement, en collationnant le nouveau ms. avec le ms. original (1), on a introduit (mot pour mot cette fois), après l'*Ordo Romanus*, le serment du sénateur qu'on avait tout d'abord omis de transcrire à cet endroit, et la même formule a ainsi figuré deux fois dans le ms. Riccardi, une fois comme témoignage du passé, l'autre fois comme constatation du présent. Ce présent, c'est évidemment le pontificat d'Innocent IV, puisque au milieu du XIIIe siècle il ne saurait être question d'un autre pape du nom d'Innocent (2).

Nous savons en tout cas qu'au temps d'Alexandre IV le ms. Riccardi était déjà, entre les mains du camérier pontifical. On lit en effet sur le revers du dernier folio cette indication, d'une main du XIIIe siècle : *accommodavimus fratri Andree do-*

(1) On lit à la fin du premier quaternion *facta est collatio.*

(2) Ce double serment se trouve dans les manuscrits du *Liber Censuum* qui dérivent du ms. Riccardi 228. Seulement, un manuscrit conservé aux Archives Vaticanes (Arm. XV, n° 1) — autrefois cité sous le n° 2526 — a subi une modification qui a induit Pertz en erreur. Dans le serment qui suit l'*Ordo Romanus,* le mot *Clementi* y a été remplacé de seconde main par *Urbano.* Pertz a oublié que ce mot *Urbano* était une surcharge, et il en a conclu que le manuscrit en question datait du pontificat d'Urbain IV (1261-1263), sans s'apercevoir d'ailleurs que ce ms. contenait de première main des documents de 1279 (*Archiv der Gesellschaft für ältere deutsche Geschichtkunde,* V, page 92). En réalité, la correction remonte seulement au pontificat d'Urbain VI, et elle est la conséquence du grand schisme. Au moment où le ms. Riccardi 229 a été copié sur le ms. XV, 1 des Archives Vaticanes (en 1388), la chrétienté se partageait entre l'obédience de Clément VII à Avignon et d'Urbain VI à Rome. Les fidèles d'Urbain VI n'ont pas voulu que le nom de Clément, qui était celui de l'antipape, figurât dans la formule du serment, et, non contents de substituer dans le nouveau manuscrit le nom d'Urbain à celui de Clément, ils ont aussi corrigé l'exemplaire qui leur servait d'original.

mini pape nepoti librum Bernardi et dialo... (1). Il s'agit évidemment ici de livres prêtés par le camérier, qui en était dépositaire, au neveu du pape régnant. Or, le seul personnage du XIIIe siècle ou des premières années du XIVe qui puisse être désigné par les mots *fratrer Andreas domini pape nepos* est un neveu d'Alexandre IV qui entra de très-bonne heure dans l'ordre de Saint François (2), et cette qualification n'a pu lui être appliquée que durant le pontificat de son oncle.

Mais les Vies de papes ne font pas partie de ce manuscrit primitif. Elles sont contenues dans des cahiers supplémentaires qui ne portent aucune trace de numération et qui ont une physionomie bien tranchée. Au manuscrit de 1254 on a en effet ajouté successivement un certain nombre de cahiers (15 en tout) qui ne sont pas tous du même format ni de la même main. Il y a d'abord un groupe de onze cahiers hauts de 345 millimètres sur 255, puis trois cahiers de 370 millimètres sur 323, et enfin un cahier de 313 millimètres sur 240.

Les onze premiers semblent être d'une même écriture et forment véritablement comme un ouvrage séparé. La disposition matérielle n'en est pourtant pas la même d'un bout à l'autre; dans le premier et les trois derniers les lignes sont continues, dans les autres elles sont en deux colonnes. Le nom du copiste à qui l'on doit cette partie du manuscrit se lit à la fin du premier quaternion. Il est malheureusement trop abrégé pour

(1) On y lit aussi cette autre note qui a la même origine : .. *escalco accommodavimus unam carpetam cum figuris et unum tapetum cum paonibus*. Ces mentions ont leur intérêt pour l'histoire de l'administration du palais apostolique.

(2) Ce neveu est André de' Conti (de Comitibus) qui se rendit célèbre dans la seconde moitié du XIIIe siècle par sa science et ses vertus; il mourut à Anagni en 1301, après avoir refusé en 1294 le cardinalat qui lui était offert par Boniface VIII, et il fut béatifié après sa mort. Cf. Ciacconius, *Vitae et res gestae pontificum ab Oldoino recognitae*, Rome, 1677, tome II, page 325.

qu'on puisse l'identifier avec quelque certitude; *Factum per me B.* (1).

Pour la question qui nous occupe, cette identification aurait pourtant une grande importance, car c'est précisément dans cette portion du Riccardianus que se trouvent les Vies de papes (2). Certains indices nous permettent cependant de dater approximativement ce premier supplément au manuscrit de 1254. Les dernières feuilles contiennent la bulle de Clément IV adressée en 1265 à Pierre de Vico pour régler définitivement la possession de Bieda et de Cività Vecchia (3). Il est évident à première vue que cette bulle à été insérée, suivant un usage assez général dans les manuscrits du *Liber Censuum*, sur le dernier folio du onzième cahier pour profiter d'une page restée disponible. Au moment de cette insertion, le groupe des onze cahiers avait été déjà rattaché au manuscrit du *Liber Censuum*, puisque l'acte de Clément IV se réfère au livre censier et non aux matières traitées

(1) Peut-être *Berengarium*, comme l'a supposé Watterich. Il s'agirait en ce cas de Bérenger de Séguret, clerc de la chambre apostolique sous son compatriote Clément IV (Séguret est une petite ville du Comtat Venaissin et Clément IV était de St Gilles sur le Rhône), promu ensuite à la dignité de Vice-camérier par Grégoire X (1272) et pourvu la même année de la Prévôté de Marseille (cf. Marini, *Archiatri pontifici*, t. I, page 23). Le nom de Bérenger de Séguret est d'ailleurs intimement lié à l'histoire du ms. Riccardi, sur lequel ont été consignés la décharge qu'il reçut de sa gestion en 1275 (fol. 305), et le serment prêté par lui au St Siège en sa qualité de Vice-camérier (fol. 343).

(2) Cette portion du Riccardianus contient de première main, outre les Vies des papes, les pièces qui concernent la légation en Hongrie, durant les années 1232-1234, du cardinal Jacques Pecorari, évêque de Préneste (premier cahier), et les documents relatifs à la controverse avec l'Église grecque en 1233 (les trois derniers cahiers).

(3) « Dudum tempore felicis recordationis Urbani pape predecessoris nostri inter Romanam ecclesiam et te super duobus castris quorum alterum Civitas vetus, reliquum vero Bleda vulgariter nuncupatur orta fuit materia questionis. Nos autem volentes, etc. — Dat. Perusii vij kl. decembris pontificatus nostri anno primo ».

dans ces cahiers supplémentaires. Or, la date à laquelle le document de Clément IV a été transcrit peut être déterminée avec quelque précision. C'est lui évidemment qui a entrainé l'adjonction du quaternion qui suit (fol. 307-315) et qui continue par ordre chronologique la série des actes de Clément IV relatifs aux cens (1). La plupart des pièces contenues dans ce cahier sont d'écritures différentes et il est facile de voir qu'il y a eu entre la transcription des uns et des autres un intervalle plus ou moins long, en d'autres termes que les différents feuillets ont été remplis sinon au jour le jour, du moins au fur et à mesure de la production des documents. La première pièce étant datée de Janvier 1266, on en peut donc légitimement conclure que la bulle de septembre 1265 qui termine le quaternion précédent a a du être insérée dans le ms. Riccardi dès 1265.

Les Vies de papes ont donc été introduites dans notre manuscrit du *Liber Censuum* entre 1254 et 1265. Il est malheureusement difficile de savoir exactement d'où elles proviennent, et sur cette question nous ne pouvons guère présenter que des hypothèses.

Il ne faut pas pourtant s'étonner outre mesure de trouver les biographies pontificales à la suite du *Liber Censuum*. Il est à remarquer au contraire que pendant tout le XIIe siècle les deux collections furent presque constamment réunies et que Cencius, en les séparant, a fait une véritable innovation. Au XIIe siècle en effet le *Liber Censuum* et le *Liber Pontificalis* ont été rédigés par les mêmes hommes ; le cardinal Boson, l'auteur des Vies qui nous occupent, est aussi l'auteur d'une des compilations

(1) Il y a d'abord le rapport des cardinaux sur le couronnement de Charles d'Anjou à Rome le 6 Janvier 1266, puis la notice apportée d'Angleterre par maître Synitius au retour de sa légation (au plus tôt de l'année 1267).

utilisées par Cencius (1), et, quelques années avant Cencius (2), Albinus joignait aux deux livres de sa *Collectio Canonum* qui sont relatifs aux droits et privilèges de l'Eglise Romaine (3) une histoire des papes dont la plus grande partie est malheureusement perdue (4). La Vie de Grégoire IX qui se trouve rapprochée dans le ms. Riccardi des biographies pontificales du XIIe siècle parait avoir la même origine qu'elles. Cette Vie est sûrement due à une personne de l'entourage du pape (5) et vraisemblablement à un clerc de la Chambre Apostolique (6). Mais,

(1) M. Henri Stevenson a très-ingénieusement restitué le *Liber Censuum* de Boson, dont on a seulement des traces dans les collections postérieures. Cf. *La Collectio Canonum di Deusdedit*, page 68-70, dans l'*Archivio della Società Romana di Storia patria*, 1885.

(2) Entre 1187 et 1189. Cf. Stevenson, *La Collectio Canonum di Deusdedit*, p. 76.

(3) *Gesta pauperis Scholaris Albini*, livres X et XI (Ms. Ottoboni latin 3057).

(4) Dans l'unique manuscrit qui nous ait conservé la compilation d'Albinus, il y a seulement, sur la dernière page, un passage de Bonizo de Sutri extrait du livre *De vita christiana*. Mais il est aisé de voir que le manuscrit n'est plus complet. Dans l'inventaire dressé en 1339 du trésor et des livres de l'Église Romaine conservés dans la sacristie du couvent d'Assise (Denifle, *Archiv für Literatur und Kirchengeschichte*, 1886, page 102), figure le ms. d'Albinus qui appartient aujourd'hui au fonds Ottoboni. L'*incipit* ne permet pas d'en douter : « Incipit in secundo folio *onum* (orationum) et finit in rubro *tione* ». Mais l'*Explicit* ne correspond plus à l'*Explicit* actuel : « in penultimo folio incipit *pon* et finit *alteri* » ; et, comme le quaternion qui termine le ms. Ottoboni 3057 est complet, il faut croyons-nous, supposer la perte d'au moins un quaternion pour expliquer la disparition de l'avant-dernière feuille signalée dans l'inventaire de 1339.

(5) Voyez, par exemple, le récit des fêtes qui ont suivi le couronnement de Grégoire IX. — Il semble que le biographe accompagne le pape dans tous ses voyages, car il les décrit avec des détails qui ne peuvent être que d'un témoin oculaire.

(6) Comme dans les Vies du XIIe siècle, une grande importance y est donnée à toutes les acquisitions, à tous les établissements, à toutes les constructions du pape, c'est à dire à tout ce qui relève de la *Chambre*. Voyez, par exemple, la huitième année, où il est question de Ferentillo, Gualdo, Montefiascone et Radicofani.

à en juger par le début, son auteur n'a eu nullement l'intention de la relier à l'œuvre historique de Boson (1), et la solution de continuité entre les deux parties est encore matériellement apparente dans le ms. Riccardi, où la Vie de Grégoire IX est séparée des actes d'Alexandre III (2) par un blanc de toute une demi page (3). Si l'auteur de la Vie de Grégoire IX n'est pas l'auteur de la collection, celle-ci ne peut être que postérieure à 1240 (4). On peut même conjecturer qu'elle est plus récente encore si on en juge par les altérations qu'avait déja subies le ms. original de la Vie de Grégoire IX au moment où elle a été formée (5). Il semblerait donc que les Vies de papes du *Liber Censuum* ont dû être directement empruntées, peu de temps avant 1265, aux livres de la Chambre Apostolique.

On nous permettra à ce propos d'exprimer un doute sur l'attribution que l'on a faite de toutes les Vies du XIIe siècle au seul cardinal Boson, et de formuler à notre tour une hypostèse. On s'est étonné avec raison de trouver une lacune dans le série de ces biographies. Entre les Vies très développées d'Innocent II

(1) « Venerabilium gesta pontificum archivis sunt manlanda fidelibus ut ea digesta per ordinem lectorum studia in vota gratiarum exerceant et capiat de priorum moribus sequutura posteritas vite felicioris exemplum.

(2) Plus exactement les actes du Concile de Latran de 1179. La Vie d'Alexandre III est demeurée interrompue à la mort de Boson, en 1178, et on a plus tard jugé bon de compléter la biographie d'Alexandre III par les Actes du Concile de 1179, sans que d'ailleurs la soudure se soit faite entre l'œuvre de Boson et le supplément qu'on y ajoutait (fol. 272).

(3) Fol. 275 v°.

(4) C'est en Juillet 1240 que le biographe a cessé d'écrire; les mots *micantes Marchie filios petiturus* qui terminent son récit se rapportent à l'expédition de Frédéric II dans les Marches au mois de Juillet 1240.

(5) Les noms de deux monastères fondés par lui, pour l'ordre de St François, l'un en Lombardie, l'autre en Toscane, n'étaient plus lisibles au moment où la collection a été formée et ils sont restés en blanc.

d'une part et d'Eugène III de l'autre, c'est à peine si on fait mention de Célestin II et si on consacre une courte notice à Lucius II. Il y a là une solution de continuïté bien remarquable. Or, l'unique raison que l'on ait d'attribuer à Boson les Vies qui précédent cette lacune aussi bien que ceux qui la suivent est le simple fait qu'on les a trouvés réunies dans le même manuscrit, et il n'a pas échappé à Watterich lui-même que la Vie d'Innocent II, avant d'être reprise par Boson, devait avoir été écrite par un Pisan dont le nom est resté inconnu (4). N'est-il pas naturel alors de supposer que Boson n'a rien à faire avec la première partie de la collection, et qu'il n'y a là qu'une juxtaposition de deux ouvrages originairement distincts et soudés peut-être pour la première fois au milieu du XIIIe siècle? Le pontificat d'Innocent II a été justement marqué par le premier essai de *Liber Censuum* dont les traces nous ont été conservées (5). Pourquoi l'auteur de cette collection, comme Boson quelques années plus tard, et Albinus après lui, n'aurait-il pas ajouté à son *Liber Censuum* quelques biographies pontificales, les unes empruntées à Bonizo de Sutri, à Pandolphe, et à Pierre de Pise, les autres rédigées par lui ? Si nous possédions le *Liber Politicus* du chanoine Bénédict, tel qu'on le conservait encore dans la Chambre Apostolique an temps de Grégoire X

(4) *Pontificum Romanorum vitae,* I, page LXXXI.

(5) Ce premier essai de *Liber Censuum* est demeuré jusqu'ici inaperçu. Nous croyons pourtant qu'il convient d'y attacher une certaine importance. C'est en effet à ce premier travail qu'appartient la liste des évêchés et monastères relevant directement du Saint-Siège que Cencius a insérée dans sa collection à la suite du *Liber Censuum* proprement dit, et que Muratori a imprimée dans ses *Antiquitates* sans remarquer l'époque à laquelle elle appartient (*Antiquitates italicae medii aevi,* tome V, col. 901). Ce document prend une très-grande valeur quand on le rétablit à sa date.

(1272-1276) (1) peut être cette supposition se changerait-elle en certitude (2).

En tout cas, il nous semble probable que la collection des Vies de papes que Muratori a imprimées sous le nom du cardinal d'Aragon a été faite, entre 1254 et 1265, (d'après les anciens livres qui subsistaient encore dans les archives de la Chambre Apostolique) pour être insérée dans le manuscrit du *Liber Censuum* qu'on venait d'achever, le ms. Riccardi 228 (4). C'est à ce manuscrit que l'ont empruntée tous les manuscrits suivants de Cencius (3), et c'est de là aussi qu'elle est passée dans l'ou-

(1) Voyez dans Mabillon, *Museum italicum*, tome II, page 229: *pecuniam quam dicit liber Camerarius qui dicitur Politicus*. L'expression est à noter.

(2) Le *Liber Politicus* du chanoine Bénédict n'a pas encore été suffisamment étudié. On n'en connait et on n'en cite d'ordinaire que des manuscrits fragmentaires et relativement récents, qui ne peuvent pas donner une idée vraie de cet ancien Polyptyque (Bibliothèque Vallicellane, F. 73. — Bibliothèque Vaticane, fonds Vatican n° 5348 et 3470, fonds Ottoboni n° 304. — Archives de la basilique de St Pierre n° DCLIII et 37 E). Le ms. 512 de la bibliothèque de Cambrai est beaucoup plus important (voy. De Rossi, *Roma sotterranea*, I, page 158; Jordan, *Topographie der Stadt Rom*, II, page 357). — Nous croyons, pour notre part, qu'il y a une relation très-étroite entre le *Liber Politicus* et le premier essai de *Liber Censuum* que nous signalions plus haut sous Innocent II. Peut-être même ces deux ouvrages n'en font-ils qu'un seul en réalité, et nous avons peut-être ici l'original commun à Albinus et à Cencius pour une partie de leurs écrits. Toutes ces questions seront traitées plus à fond dans un travail spécial que nous préparons sur les sources du *Liber Censuum*.

(3) Peut-être faut-il mettre au nombre de ces livres le ms. du *Liber Pontificalis*, Vat. lat. 3762, qui provient de St Gilles sur le Rhône (cf. Duchesne, *Étude sur le Liber Pontificalis*, pag. 95). Sa provenance, et l'époque à laquelle il a été continué peuvent faire supposer qu'il a été apporté à Rome vers le temps de Clément IV, peut-être par Bérenger de Séguret.

(4) C'est en effet du ms. Riccardi 228 que dépendent tous les autres manuscrits du *Liber Censuum*, à commencer par le plus ancien manuscrit des archives du Vatican (Arm. XV, n° 1). Je ne puis en donnre ici la démonstration complète. J'indiquerai seulement un fait qui me

vrage du cardinal d'Aragon (1). C'est en effet à la Cour d'Avignon que Nicolas Roselli a composé son livre (2), et les inventaires dressés au XIVe siècle de la bibliothèque et des archives des papes d'Avignon ne mentionnent jamais comme manuscrits du *Liber Censuum* que le manuscrit qui porte aujourd'hui le numéro 228 de la bibliothèque Riccardi (3).

Il ne sera peut-être pas sans intérêt de toucher ici à une question soulevée par un passage de la Vie d'Hadrien IV.

parait concluant. A propos des redevances d'Ostie (fol. 1 v°) une note marginale du Riccardianus 228 renvoie à un document qui se trouve transcrit plus loin : *Require infra instrumentum in secunda carta XIIII quinterni.* En nous reportant au second feuillet du quatorzième cahier de ce manuscrit (fol. 111), nous trouvons en effet un *Instrumentum de duabus platratis que populus Hostiensis debet singulis annis in Natale et Pascha dare domino pape si in Urbe fuerit.* Or, ce renvoi à la seconde page du quatorzième cahier se retrouve dans les manuscrits du *Liber Censuum* postérieurs au ms. Riccardi, et, dans aucun de ces manuscrits, il ne correspond au document qu'il devrait indiquer. Une note qui ne valait que pour le Riccardianus 228 est ainsi passée dans les manuscrits qui en sont dérivés.

(1) Il n'est pas douteux en effet que ce ne soit au *Liber Censuum* que le cardinal d'Aragon (Nicolas Roselli, né en 1314, cardinal en 1357, mort en 1362) a emprunté les Vies de papes qu'il a publiées, car c'est, dit-il, dans les livres de la Chambre Apostolique qu'il a trouvé les éléments de sa compilation, *compilavit ex diversis registris et ex libris camerae apostolicae* (ms. Ottoboni latin 3078, fol. 1).

(2) Entre 1351 et 1362.

(3) Grâce aux renseignements de l'inventaire de 1369, l'identification paraît certaine. Le seul manuscrit du *Liber Censuum* signalé dans la Bibliothèque d'Urbain V est désigné par ces mots : « Incipit in nigro *Ecclesie* et finit in penultimo *maculam* », et ces caractères ne peuvent convenir qu'au manuscrit Riccardi 228. Cf. Maurice Faucon, *La librairie des papes d'Avignon*, (Bibliothèque des Écoles française de Rome et d'Athènes), tome I, page 243.

De l'étude qui précède il résulte que le texte qui doit faire loi est celui du Riccardianus 228. Or, dans l'histoire d'Arnauld de Brescia, il est un point qu'on n'a pas encore éclairci, faute d'avoir reconnu cette règle ou de l'avoir appliquée. Il s'agit des circonstances dans lesquelles le célèbre hérésiarque fut livré aux légats d'Hadrien IV par Frédéric Barberousse.

Le Roi se dirigeait vers Rome où il allait ceindre la couronne impériale lorsqu'il reçut, au moment d'atteindre la frontière des États de l'Église, une députation de trois cardinaux qui venaient lui demander au nom du pape, comme premier gage de son amitié, la remise d'Arnauld de Brescia, *ut redderet eisdem cardinalibus Arnaldum hereticum quem vicecomites de Campaniano abstulerant magistro O. diacono sancti Nicolai apud Otriculas ubi eum ceperat, quem tanquam prophetam in terra sua cum honore habebant.* L'interprétation de ce passage ne nous paraît pas offrir de difficulté ; Arnauld de Brescia était tombé, à Otricoli, au pouvoir du cardinal de Saint-Nicolas, mais les vicomtes de Campagnano l'avaient bientôt délivré et mis en sûreté dans leur château où ils l'honoraient comme un prophète : il s'agissait d'exiger d'eux la restitution de l'hérétique aux mains des cardinaux, et le futur empereur seul était assez puissant pour y parvenir.

Mais le texte de Boson donné par les manuscrits du cardinal d'Aragon diffère en cet endroit du texte que nous empruntons au ms. Riccardi 228. Dans le cardinal d'Aragon, on lit *apud Briculas* au lieu de *apud Otriculas*, et *vicecomites de Campania* au lieu *vicecomites de Campaniano* (1). Comme il faut toujours trouver une explication, on a vu dans *Bricule* le village de *Bricole* situé dans le Val d'Orcia, et, comme ce village appartenait à des vicomtes *De Campagnatico*, on a proposé de lire *Campagnatico*

(1) Muratori, *Script. R. I.* tome III, pars 1, page 442. B.

au lieu de *Campania* (1), et on a même invoqué à l'appui de cette correction la leçon *Campanian.* du ms. Riccardi 228 (2).

Il n'est pas possible de prendre ici un moyen terme, et il faut adopter dans son intégrité le texte du Riccardianus. Il est vrai que dans ce cas les choses s'arrangent beaucoup moins bien. On ne voit pas au premier abord de quel Campagnano il s'agirait ici. *Campagnano di Roma*, dans le diocèse de Nepi, est bien loin d'Otricoli (3), et le pape, campé avec toutes ses forces à Cività Castellana et à Nepi, coupait toute communication entre Campagnano di Roma et Otricoli. Alors, n'y aurait-il pas lieu de chercher dans le voisinage d'Otricoli un pays de Campagnano? Le *Liber Censuum* indique dans l'évêché de Sabine un *Oratorium sancti Petri* qui doit à l'Église Romaine la redevance annuelle d'une livre de cire et qui est situé *in territorio Campagnano* (4). Ce *territorium Campagnanum* n'a rien à voir avec le *Castrum Campanianum* (Campagnano di Roma) au diocèse de Nepi, que le *Liber Censuum* cite plus loin en son lieu et place (5). Il n'y a plus aujourd'hui en Sabine de village qui porte le nom de Campagnano; mais dans la partie de cette province qui touche au pays d'Otricoli, nous trouvons une rivière dite *Torrente Campano* qui se jette dans le Tibre presque en face de Borghetto. Or, un document inédit que nous publierons dans le prochain fascicule des *Mélanges* et qui est daté de 1364, nous donne une géographie politique assez complète de la Sabine au XIVe siècle (6),

(1) Voyez Oderici, *Storie Bresciane*, IV, page 281. L'interprétation est de Troya.

(2) Gregorovius, *Storia della città di Roma*, tome IV, page 606 note 1.

(3) Campagnano di Roma appartenait d'ailleurs au monastère de St Paul hors les Murs, et non à des vicomtes. Cf. Tomassetti, *Archivio della S. Romana di storia patria*, V, page 150.

(4) C'est le seul pays mentionné sous la rubrique *In episcopatu Sabinensi.*

(5) Cf. Muratori, Antiquitates italicae medii aevi, tome V, col. 859.

(6) Ms. latin 4189 de la Bibliothèque Nationale de Paris.

et nous y avons l'indication d'un *Castrum Turris Campane* dans le canton même arrosé par le Campano. Ce *Castrum Turris Campane* est en effet nommé avec les pays de Foglia, Collevecchio, Tarano, Castiglione, Rocchette et Vacone qui circonscrivent à peu près le bassin de cette petite rivière (1).

Ce serait donc dans cette région, voisine d'Otricoli, qu'il conviendrait de placer le lieu de retraite d'Arnauld de Brescia indiqué par le texte du Riccardianus. Le fait a son importance pour la géographie de la Sabine et pour l'histoire d'Arnauld de Brescia.

(1) Fol. 42 et 43.

www.ingramcontent.com/pod-product-compliance
Ingram Content Group UK Ltd.
Pitfield, Milton Keynes, MK11 3LW, UK
UKHW022212190726
13855UKWH00004B/1714

9 782013 544191